Cosmo y Quark y su FACTOBULOSA guía del espacio

BoKata Books

Para Toby, como siempre, recordando cómo
observábamos las estrellas en Gaucín.
T. T.

Para Matt, por todas las aventuras compartidas
y tu apoyo.
G. R.

Título original: *Cosmo and Quark's Factabulous Guide to Space*

Autora: Tracey Turner
Ilustradora: Gillian Reid
Diseño: Nicola Scott
Dirección artística y diseño de colección:
Sidonie Beresford-Browne

Valentín Beato, 21
28037 Madrid

Primera edición: marzo 2026

ISBN: 978-84-10301-85-6
Depósito legal: M-1802-2026

Impreso en españa-*Printed in Spain*

PAPEL DE FIBRA
CERTIFICADA

Cosmo y Quark y su FACTOBULOSA guía del espacio

[1] Traducido del perrunés original.

Descubre...

Cómo comerte una **chuche para perros** en el **espacio.**
Por qué podrías ver **CACA** de astronauta surcando el cielo nocturno.
Quién jugó al **golf** en la **Luna.**
Qué sucede en un **agujero negro.**
¡Venga, **despeguemos!**

Cuando **miramos** hacia arriba desde la **TIERRA**, **¿qué vemos?**
Durante el día vemos el Sol.
¡No lo miréis **NUNCA** directamente! Podría **dañaros** los **ojos.**
NI SIQUIERA a través de un colador: os perjudicará la vista. ¡GUAU, GUAU!
Por la noche podemos ver la Luna...

… y las estrellas.
Por cierto, en realidad no tenemos forma de estrella, es solo que a veces nos percibís así.
Siempre que no esté nublado y no haya mucha luz artificial, claro.
Pero ¿qué son las estrellas?
¿y dónde estamos nosotros?
Subamos a bordo de nuestra nave espacial, la Salchicha Interestelar…
Se llama así por mi comida preferida.
PERRITOS CALIENTES
… ¡y lo averiguaremos!

El **Sol** es una **estrella:** una **esfera gigantesca** de gas caliente, reluciente de calor y luz.
Desde la **Tierra,** el **Sol** parece mucho **más grande** que las demás estrellas porque está tremendamente cerca.
TEMPERATURA EN LA SUPERFICIE: alrededor de 5.500 °C.
DIÁMETRO: 1.397.000 km.
El diámetro del Sol es 109 veces el de la Tierra.
DISTANCIA DE LA TIERRA: 150 millones de km, JUSTO LA IDEAL para que haya vida en nuestro planeta.
Si estuviese más cerca, para los seres vivos de la Tierra haría **demasiado calor.** Sobre todo, para los **PELUDOS.**

Básicamente está formado por hidrógeno y helio.
La Tierra tarda un año en orbitar (dar una vuelta) alrededor del Sol.
La luz del Sol tarda unos 8 minutos en llegar a la Tierra.
¡Dentro del Sol cabrían 1,3 MILLONES de planetas Tierra!
TEMPERATURA EN EL INTERIOR: 15.000.000 ºC.
Antes me preguntaba adónde iba el Sol por la noche..., pero luego vi la luz.

El SOL nos da días, años y estaciones. Sin él, ¡no tendríamos CUMPLEAÑOS!
¡Ni tartas para perros con forma de hueso!
Además de viajar alrededor del SOL en un año (lo que se llama órbita), el planeta Tierra también gira sobre sí mismo cada 24 HORAS: así tenemos los días.
DÍA
NOCHE
Z Z Z...
Mientras la Tierra gira, parte de ella mira hacia el Sol y la otra parte no; por eso tenemos las noches y los días.

La Tierra gira sobre su propio eje —una línea imaginaria que va del POLO NORTE al POLO SUR—, que está inclinado. Como el planeta se mueve alrededor del Sol, tenemos las distintas estaciones.
POLO NORTE
Cuando el polo norte está inclinado hacia el Sol, es verano en el hemisferio norte e invierno en el hemisferio sur.

Cuando el polo sur está inclinado hacia el Sol, es verano en el hemisferio sur e invierno en el hemisferio norte.
POLO SUR

Mientras que la **Tierra** orbita alrededor del **Sol,** la **Luna** es una **esfera rocosa** que orbita alrededor de la Tierra.
Desde la Tierra la vemos **brillar** porque **refleja** la luz del **Sol.**
DISTANCIA DESDE LA TIERRA: unos 384.400 km.
DIÁMETRO: 3.475 km, más o menos un cuarto del diámetro de la Tierra.
No tiene ATMÓSFERA (mezcla de gases que rodea un planeta o una luna), así que no dispone de protección frente a las rocas espaciales.
Muchos CRÁTERES son causados por el impacto de rocas espaciales.

Al no haber ATMÓSFERA, tampoco hay nubes. ¡Veo montones de estrellas!
Podemos SALTAR seis veces más alto que en la Tierra porque la gravedad —la fuerza que te atrae hacia el suelo— aquí es más débil.
¡Yuuuju!
Los numerosos cráteres de la Luna homenajean a personas famosas, como yo, Nicolás Copérnico.
Yo demostré que la Tierra gira alrededor del Sol y no al contrario, como creía mucha gente en el siglo XVI.
COPÉRNICO
Descubrirás más cosas sobre Copérnico en la página 58.
Hay otras zonas de la Luna con nombres curiosos, como la bahía del Arco Iris o el pantano de la Podredumbre.
En realidad, en la Luna no hay bahías ni pantanos porque no hay agua, pero sí hay llanuras y montañas.

Cuando miramos la Luna desde la Tierra, parece cambiar de forma. Sus distintos aspectos tienen diferentes nombres.

Mientras la LUNA gira alrededor de la Tierra, el Sol la ilumina en distintas zonas.
¡Por eso a veces es como un disco, otras poco más que media rodaja y algunas noches ni se ve!
¿Cómo llega una vaca a la Luna?
¡Siguiendo la Vía Láctea!
¡Descubre más cosas sobre este tema en la página 48!

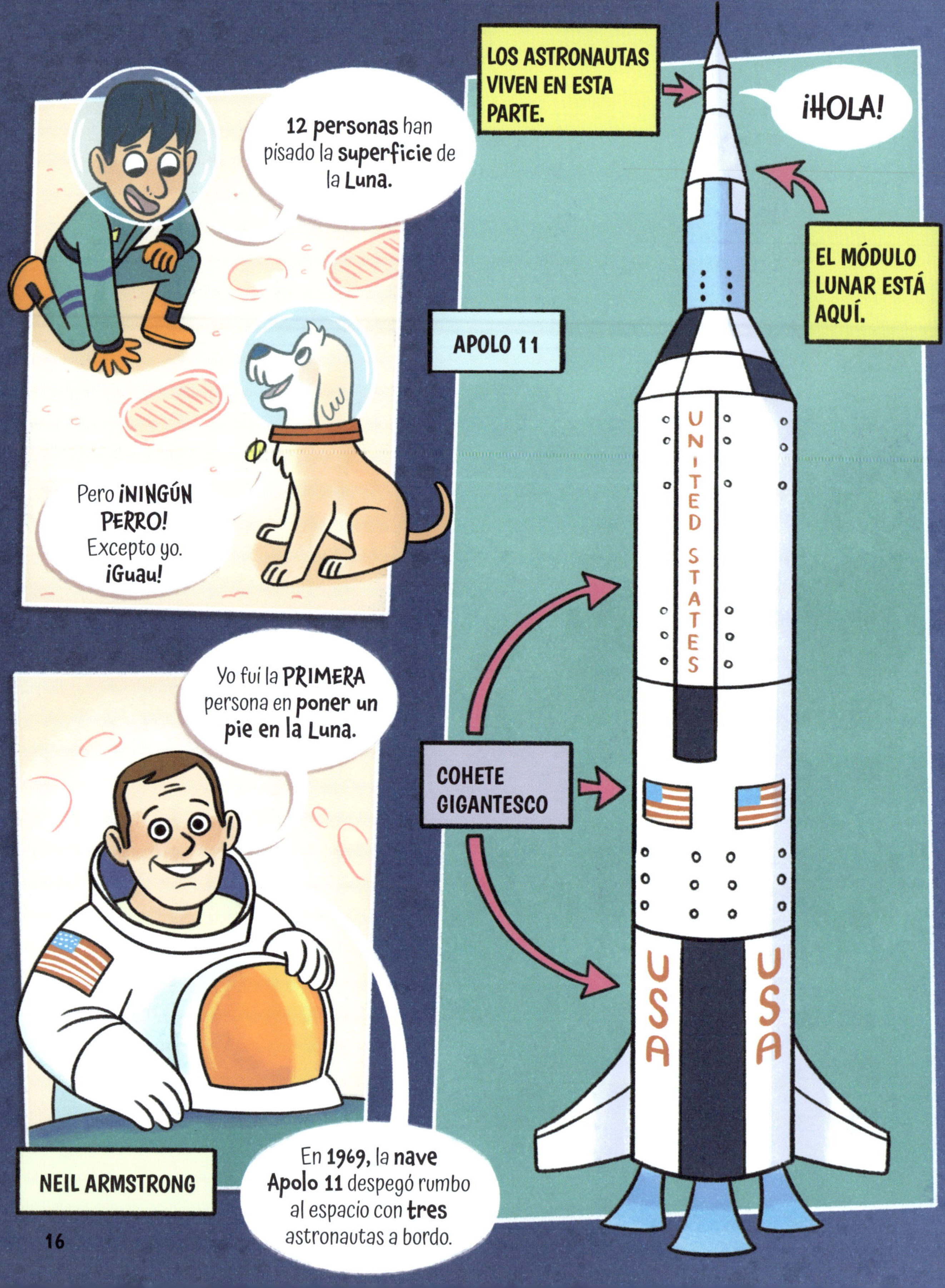
12 personas han pisado la superficie de la Luna.
Pero ¡NINGÚN PERRO! Excepto yo. ¡Guau!
Yo fui la PRIMERA persona en poner un pie en la Luna.
NEIL ARMSTRONG
En 1969, la nave Apolo 11 despegó rumbo al espacio con tres astronautas a bordo.
APOLO 11
LOS ASTRONAUTAS VIVEN EN ESTA PARTE.
¡HOLA!
EL MÓDULO LUNAR ESTÁ AQUÍ.
COHETE GIGANTESCO
UNITED STATES
USA
USA

El módulo lunar se separó de la nave espacial y aterrizó en la Luna.
AQUÍ ESTÁ MICHAEL COLLINS
Yo me quedé en el **módulo de mando** mientras los otros dos bajaban a la superficie.
MÓDULO DE MANDO
NEIL ARMSTRONG
BUZZ ALDRIN
MÓDULO LUNAR
Yo fui la última persona en pisar la Luna, en **1972.** ¡Escribí las **iniciales** de mis hijas en el **polvo lunar!**
T.D.C.
EUGENE CERNAN
ALAN SHEPARD
¡Yo jugué al **golf** en la Luna!
Descubrirás más cosas sobre todos estos astronautas en la página 58.
Ya me preguntaba yo qué hacía esto aquí.
La agencia espacial **estadounidense,** la **NASA,** ¡está planeando mandar más personas a la Luna **pronto!**
Aunque **PERROS TODAVÍA NO...**
Pero **sabes** que ha habido perros astronautas, ¿verdad?

Los PRIMEROS seres vivos en ir al espacio no fueron humanos...
¡Las primeras fuimos NOSOTRAS, las moscas de la fruta! Viajamos en un cohete en 1946.
El primer animal en dar una vuelta alrededor de la Tierra fui yo, la perra Laika. Por desgracia, no volví a casa.
¡Nosotros sí! ¡Fuimos los primeros animales en dar la vuelta a la Tierra y vivir para ladrarlo!
¡TODOS nosotros hemos estado en el espacio!

¡Y nosotros también!
¡Nosotras tejimos una telaraña en el espacio!
¡Y nosotras hicimos una colmena!
Todos estos animales son asombrosos, pero ¿a quiénes se recuerda? ¡A los astronautas humanos! Pues me parece un poco injusto, la verdad.
Vamos a echar un vistazo a otras cosas que pasan zumbando por el espacio...

La Luna es el único satélite (un cuerpo que se mueve alrededor de un planeta o de otro objeto) natural de la Tierra, pero hay muchos de otras clases...

Los satélites pueden moverse en varias órbitas, como la **TERRESTRE BAJA**, la **TERRESTRE MEDIA** y la **GEOESTACIONARIA**.

Los satélites de la órbita *geoestacionaria* se encuentran siempre en el mismo punto por encima de la Tierra y giran en el mismo sentido que la rotación de la Tierra.

TELESCOPIO ESPACIAL
El primer satélite fue el Sputnik 1, lanzado en 1957. Cayó a la Tierra tras tres meses en órbita.
SATÉLITE DE NAVEGACIÓN (el que le indica al sistema de navegación de los móviles o de los coches cómo ir de un sitio a otro).
¿Dónde estaríamos sin satélites?
No lo sé, pero sería mucho más difícil calcularlo.
Hay un satélite REALMENTE GRANDE...

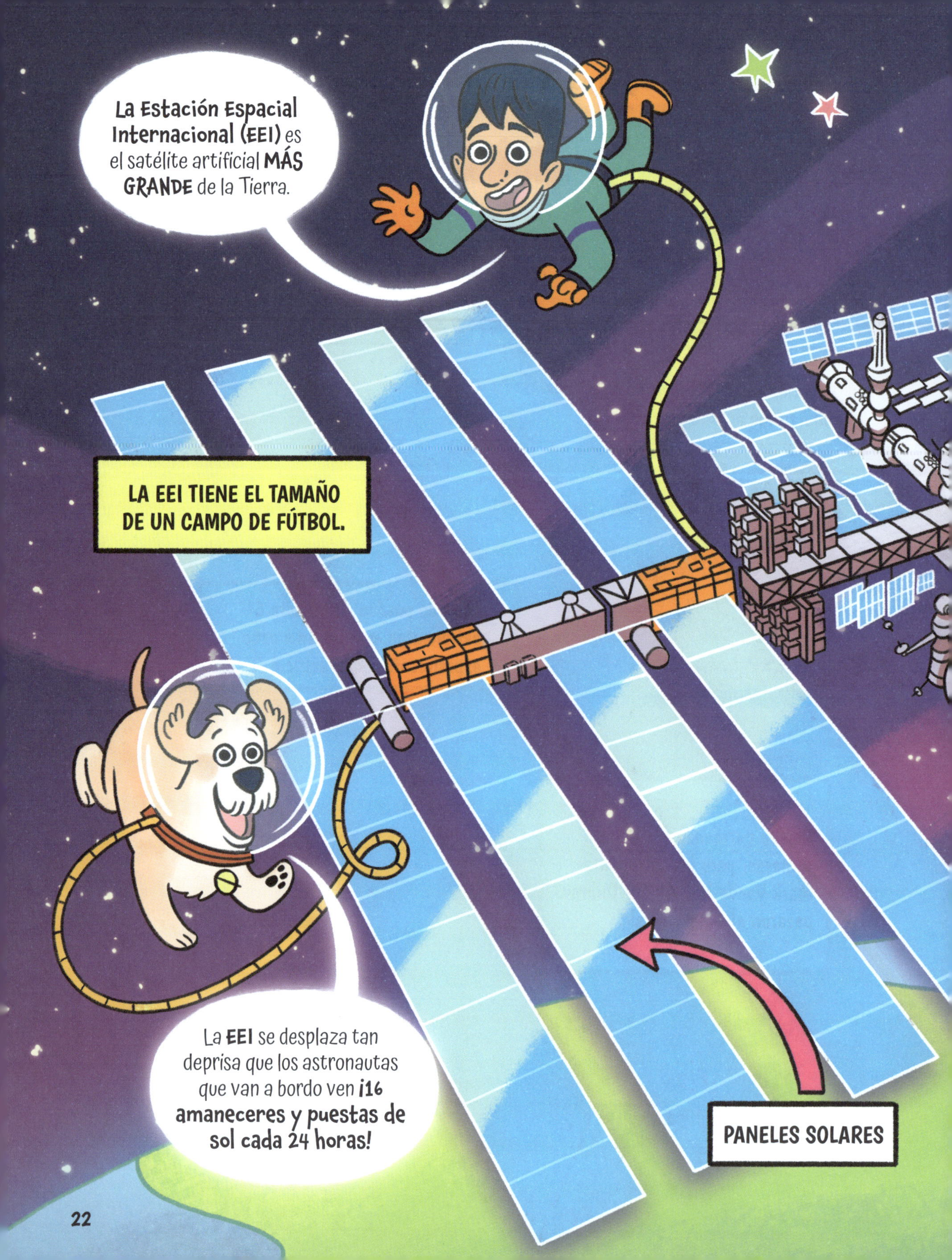

La Estación Espacial Internacional (EEI) es el satélite artificial MÁS GRANDE de la Tierra.
LA EEI TIENE EL TAMAÑO DE UN CAMPO DE FÚTBOL.
La EEI se desplaza tan deprisa que los astronautas que van a bordo ven ¡16 amaneceres y puestas de sol cada 24 horas!
PANELES SOLARES

SE DESPLAZA A 28.000 KM/H A 400 KM DE ALTITUD.
Da una vuelta a la Tierra cada 92 minutos.
Módulos donde viven y trabajan los astronautas.
A bordo pueden vivir hasta 6 astronautas, que llevan a cabo experimentos en el espacio.
Suelen permanecer allí unos 6 meses, pero los astronautas Mark Vande Hei y Pyotr Dubrov pasaron allí ¡355 días!
¿Podemos irnos ya a casa?

[1] La actual Rusia antes formaba parte de la Unión Soviética. Los viajeros espaciales soviéticos y rusos se llaman cosmonautas en vez de astronautas.

TAMBIÉN...
Un **traje espacial** que te proteja de las temperaturas extremas y de la **radiación letal** que hay fuera de la nave.
CASCO con VISOR DORADO (para filtrar los rayos dañinos).
GUANTES
CAPAS para mantenerte a la temperatura y presión adecuadas.
¿Cuál es el colmo de un astronauta?
¡Quejarse de no tener ESPACIO!
En el interior del traje espacial hay un PAÑAL GIGANTE, ¡por si tienes que llevarlo puesto mucho tiempo!

Y AL FINAL...
La forma más habitual de regresar a la tierra es atravesar de nuevo la **atmósfera** dentro de la **nave** ¡para caer en el **MAR!**
¡Aaaaaah!
Vamos a ver cómo es vivir en el espacio...

Una vez en **órbita,** ya no hay arriba ni abajo. Estás en **gravedad CERO.** ¡Todo flota! **¡Yuuuju!**
Dos astronautas han chocado en el espacio. Están heridos, pero ¡sin gravedad! ¡Toma chiste malo!

Las **chuches para perro** son un problema porque las migas acaban por todas partes. **¡GLUPS!**
Los **líquidos** forman **gotas redondas** que flotan a nuestro alrededor, así que tenemos que beber con **PAJITA.**
Tenemos que recoger las migas con **aspirador** para que no **ATASQUEN** los **equipos.** En la **EEI no** se permiten las **chuches para perros** ni el pan.
A bordo de la **EEI** no **eructamos** porque el aire no se acumula en la parte superior del **estómago,** como pasa en la Tierra.

ZZZZZZ
DORMIMOS atados a las paredes, así.
Nuestros músculos apenas trabajan en gravedad cero, así que tenemos que ejercitarlos.
¿Qué es rojo, amarillo y blanco y viaja a 28.000 km/h?
El sándwich de queso y tomate de un astronauta.
Esto es un inodoro espacial. NO PREGUNTES.
Bueno, vale: haces PIS en esto, que lo aspira y luego lo recicla para proporcionarnos agua potable.
Haces CACA en una bolsa, que es aspirada hasta un contenedor.
Cuando el contenedor de desechos sólidos está LLENO, las bolsas de caca ¡se lanzan hacia la Tierra y se abrasan al entrar en la atmósfera!
¿Eso era una estrella fugaz… o la caca de un astronauta? Hablando de estrellas fugaces…

Los **meteoroides** son trozos de **roca** que vuelan por el espacio.
Los pequeños se **desintegran** en la atmósfera terrestre. Por la noche puedes verlos como puntos de luz que **cruzan el cielo.**
Se conocen como **meteoros** o **estrellas fugaces.** A veces puedes ver muchos juntos: eso se llama **lluvia de meteoros.**
¿Por qué las **estrellas fugaces** son tan veloces?
Porque somos estrellas a la **fuga.**

Los meteoroides más grandes pueden atravesar la atmósfera terrestre y llegar hasta nuestro planeta: esos son los meteoritos.
Uno de ellos fue tan GRANDE que el polvo que levantó su impacto tapó el Sol. Sucedió hace 66 millones de años. ¡Nosotros nos extinguimos por esa razón!
El meteorito más grande encontrado hasta ahora es el METEORITO HOBA, en Namibia. ¡Pesa más de 60 toneladas!
¡Eso es como diez de nosotros!

La Tierra es UNO de los OCHO PLANETAS que orbitan alrededor del Sol.
TODOS estos planetas, además de los asteroides rocosos, los planetas enanos y más objetos, forman parte del SISTEMA SOLAR: el Sol y todo lo que gira a su alrededor.
¡Descubre más cosas pasando de página!
¡Encontrarás muchas sorpresas!
MERCURIO
SOL
VENUS
TIERRA

NEPTUNO
URANO
¿Por qué los **planetas** están tan **lejos?**
JÚPITER
¡Porque necesitan espacio!
MARTE
SATURNO

MERCURIO

SE LLAMA ASÍ POR MERCURIO, EL MENSAJERO DE LOS DIOSES ROMANOS

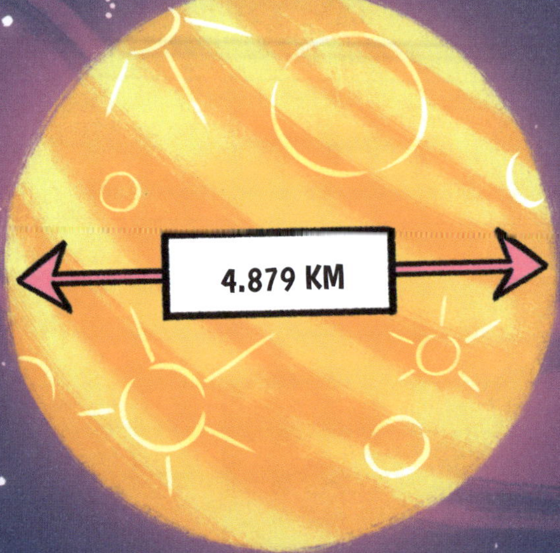

Es el planeta más cercano al Sol y el más pequeño del sistema solar.

Tiempo que tarda en girar sobre sí mismo (un día mercuriano): ¡59 DÍAS[1]!

Tiempo que tarda en orbitar alrededor del Sol (un año mercuriano): 88 DÍAS.

[1] Medimos el tiempo de todos los planetas en días y noches terrestres.

Excepto la Tierra, **todos** los planetas de nuestro sistema solar se han nombrado en honor a **antiguos dioses y diosas romanos** porque molamos mucho.

VENUS

SE LLAMA ASÍ POR LA ANTIGUA DIOSA ROMANA DEL AMOR

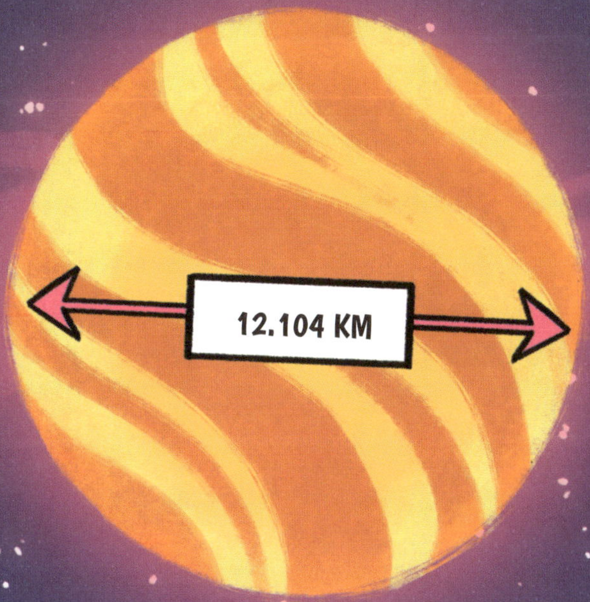

Está cubierto de nubes de ácido sulfúrico que pueden disolver el metal.
Tiempo que tarda en orbitar alrededor del Sol (un año venusiano): 245 DÍAS.
Tiempo que tarda en girar sobre sí mismo (un día venusiano): 243 DÍAS.
Tiene más de 1.600 volcanes.

En **Venus** **un día** dura casi lo mismo que un año.

En **Venus** hace **más calor INCLUSO** que en Mercurio, a pesar de que está más lejos del Sol, porque tiene una **atmósfera** que retiene la temperatura.

TIERRA

SU NOMBRE DERIVA DE *TERRA*, QUE SIGNIFICA SUELO, TIERRA O REGIÓN EN LATÍN

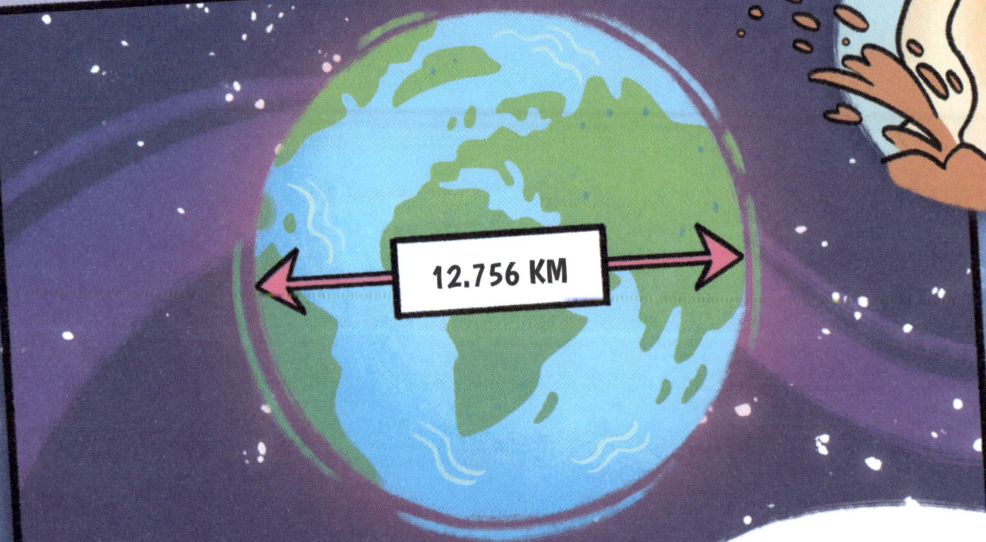

Por ahora, es el único planeta en el que sabemos que hay vida.

Tiempo que tarda en dar una vuelta alrededor del Sol (un año terrestre): 365 DÍAS.

Tiempo que tarda en girar sobre sí mismo (un día terrestre): 24 HORAS.

Está protegido por una atmósfera que lo mantiene caliente y un campo magnético que lo defiende de la radiación solar.

Lunas: 1.

MARTE

SE LLAMA ASÍ POR EL ANTIGUO DIOS ROMANO DE LA GUERRA

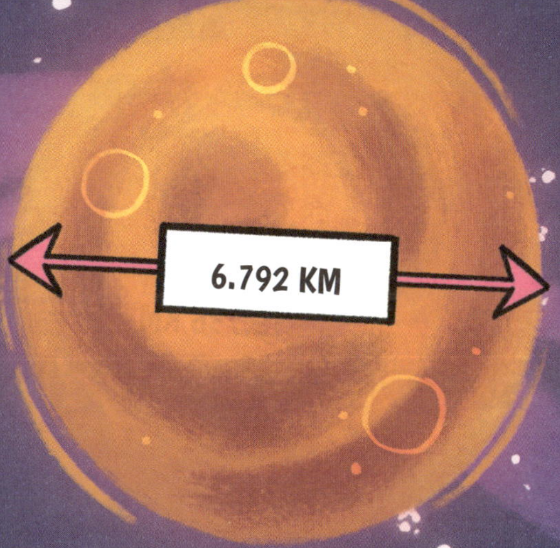

Marte se ve rojo porque su suelo contiene óxido de hierro.

Tiempo que tarda en orbitar alrededor del Sol
(un año marciano): 687 DÍAS.

Tiempo que tarda en girar sobre sí mismo
(un día marciano): 25 HORAS.

Mercurio, Venus, la Tierra y Marte se conocen
como los planetas interiores.

Lunas: 2.

JÚPITER

SE LLAMA ASÍ POR EL REY DE LOS ANTIGUOS DIOSES ROMANOS

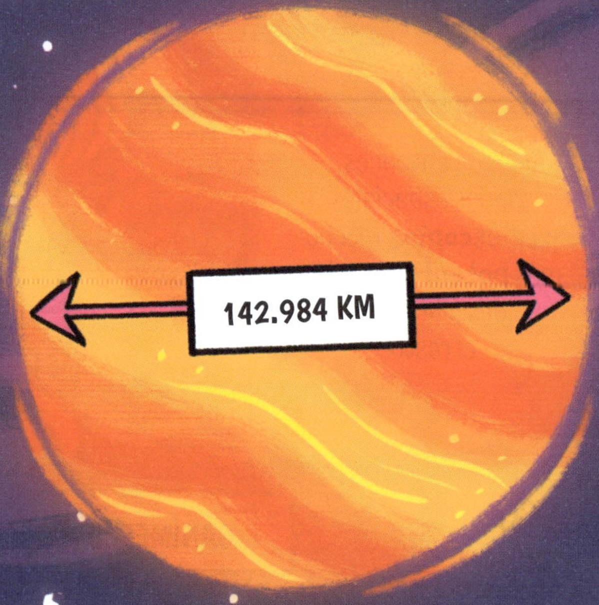

El planeta más grande del sistema solar.

Tiempo que tarda en orbitar alrededor del Sol (un año jupiteriano): 4.333 DÍAS.

Tiempo que tarda en girar sobre sí mismo (un día jupiteriano): 10 HORAS (el más corto del sistema solar).

Lunas: 95 COMO MÍNIMO.

Los asteroides griegos y troyanos (llamados así por los dos bandos rivales de una guerra de la mitología griega) acompañan a Júpiter en su órbita.

¡Hola!
Soy Galileo Galilei. Yo descubrí cuatro de las lunas de Júpiter con mi telescopio, y os lo cuento en la página 48.
Desde entonces, sondas espaciales y telescopios mucho más potentes han ido descubriendo el resto.
Júpiter es GIGANTESCO. ¡Es más grande que todos los demás planetas del sistema solar JUNTOS!
GANÍMEDES
MERCURIO
¡La luna Ganímedes de Júpiter es MÁS GRANDE que el planeta Mercurio!

SATURNO

SE LLAMA ASÍ POR EL ANTIGUO DIOS ROMANO DE LA AGRICULTURA

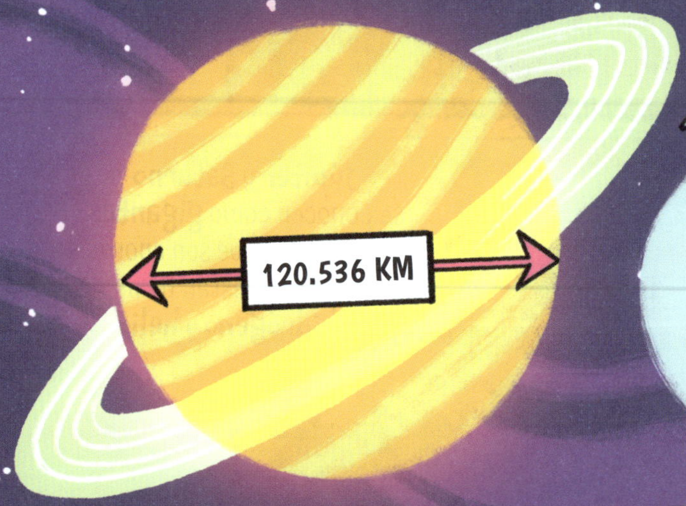

Es el segundo planeta más grande del sistema solar.

La luna más grande de Saturno, Titán, tiene una atmósfera gruesa, y algunos científicos creen que allí podría haber vida.

Tiempo que tarda en orbitar alrededor del Sol (un año saturniano): **10.759 DÍAS.**

Tiempo que tarda en girar sobre sí mismo (un día saturniano): **11 HORAS.**

Lunas: **MÁS DE 60.**

Júpiter, Saturno, Urano y Neptuno tienen a su alrededor ANILLOS formados por hielo, rocas y polvo. El de Saturno es el más grande.
Júpiter y Saturno se conocen como gigantes gaseosos porque son enormes y, básicamente, están formados por hidrógeno y helio.
Saturno es MUY GRANDE pero muy ligero.
Un dato increíble: el planeta flotaría sobre el agua ¡si encontraras la cantidad suficiente para probarlo!

URANO

SE LLAMA ASÍ POR EL ANTIGUO DIOS ROMANO DEL CIELO

Tiene el eje muy inclinado, lo que hace que parezca que gira de lado.

Tiene anillos hechos de hielo, roca y polvo.

Tiempo que tarda en orbitar alrededor del Sol (un año uraniano): 30.688 DÍAS.

Tiempo que tarda en girar sobre sí mismo (un día uraniano): 17 HORAS.

Lunas: 28 POR LO MENOS.

Este astrónomo no vio que Urano tenía anillos. Estos se observaron por primera vez en 1977, con un telescopio mucho más potente que el de Herschel.

NEPTUNO

SE LLAMA ASÍ POR EL ANTIGUO DIOS ROMANO DEL MAR

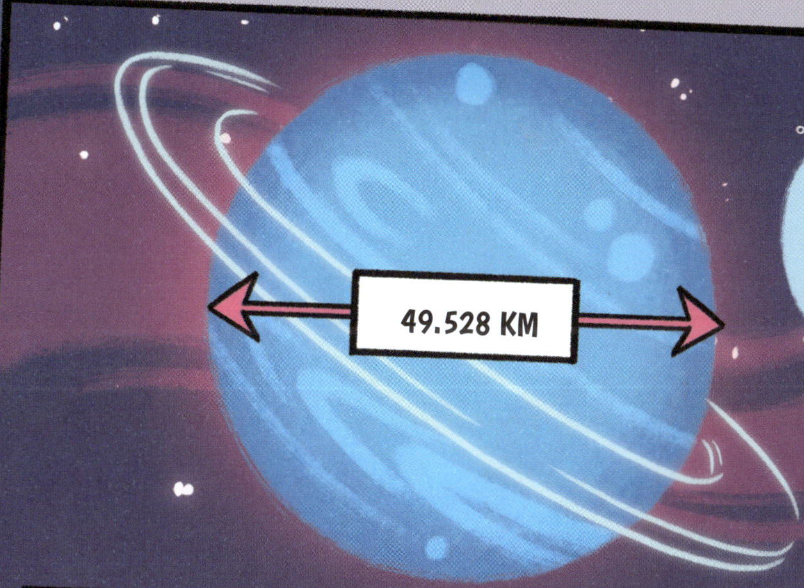

Tiempo que tarda en orbitar alrededor del Sol (un año neptuniano): **60.195 DÍAS** (en estos planetas lejanos un año dura muchísimo; esto es como 164 años terrestres).

Tiempo que tarda en dar una vuelta sobre sí mismo (un día neptuniano): **16 HORAS.**

Tiene los vientos más rápidos del sistema solar.

Lunas: 14.

LOS MATEMÁTICOS JOHN COUCH ADAMS Y URBAIN JEAN JOSEPH LE VERRIER

Yo fui el **PRIMERO** en identificar el planeta **Neptuno**, en **1846**.

Él lo **encontró** porque nosotros supusimos que debía de haber otro planeta provocando las **anomalías** de la **órbita** de **Urano**. ¡Incluso dijimos **dónde** estaba y **qué tamaño** tenía!

JOHANN GOTTFRIED GALLE

Esto también forma parte de nuestro **sistema solar...**
Entre **Marte** y **Júpiter** se encuentra el **CINTURÓN DE ASTEROIDES**, una franja de escombros espaciales **GIGANTESCA** que gira alrededor del Sol.
¡Anda! ¡Yo pensaba que el **cinturón de asteroides** era lo que usaba el sistema solar para **sujetarse los pantalones!**
Los asteroides son fragmentos de rocas y metales de cuando se formaron los planetas, hace miles de millones de años.
Cualquier objeto que orbite alrededor del Sol y tenga una forma mínimamente redondeada se clasifica como planeta enano (si no es un planeta), mientras que los asteroides son más pequeños e irregulares.

Ceres es un planeta enano.
¡En el cinturón de asteroides hay más de **1,1 millones** de asteroides mayores de **1 km de ancho!** Y algunos tienen unos nombres geniales, como, por ejemplo...
JAMES BOND (Por el famoso espía de novelas y películas)
GATO DE CHESHIRE (Por el personaje de *Alicia en el País de las Maravillas*)
MR. SPOCK (Por el gato de su descubridor, aunque también es un personaje de *Star Trek*)
TOM HANKS y MEG RYAN (Por dos actores de Hollywood)
PATATA (Porque, sinceramente, muchos asteroides parecen patatas)
DOLLY PARTON (Por la cantante de *country* estadounidense)
Hay otro **cinturón de asteroides** MUCHÍSIMO MÁS LEJOS...

Mucho más allá que Neptuno, pero todavía dentro de nuestro sistema solar, se encuentra el CINTURÓN DE KUIPER.
El CINTURÓN DE KUIPER es un denso disco formado por millones de objetos helados.
Incluye muchos PLANETAS ENANOS, algunos de los cuales tienen sus propias lunas.
El cinturón de Kuiper es como un gigantesco dónut congelado, pero ni de lejos igual de sabroso.
GERARD KUIPER
¡Hola!
El CINTURÓN DE KUIPER se llama así por mí. Descubrí dos de las lunas del sistema solar y dióxido de carbono en Marte.

Más allá del cinturón de Kuiper está la extensa NUBE DE OORT, llena de millones de objetos helados más. Rodea nuestro sistema solar.
Descubrirás más cosas sobre Gerard y Jan en la página 60.
No sabemos mucho sobre la **nube de Oort** porque está lejísimos.
JAN OORT
Y la **NUBE DE OORT** se llama así por mí. Yo formulé la **teoría** de la **existencia** de la **nube,** y que de ahí es de donde proceden algunos **cometas.**

Descubre más sobre Edmond Halley en la página 61.

Cuando el COMETA HALLEY pasó cerca de la Tierra en 1910, a la gente le preocupaba que su cola, compuesta por gases tóxicos, pudiera ser dañina.
¡La vida en la Tierra podría ser aniquilada por completo!
Algunas personas usamos sombrillas anticometa.
¡Estamos todos condenados!
¡Yo me he tomado una pastilla anticometa!
Los perros y los cometas tenemos algo en común: los dos tenemos cola. ¡La mía es peluda y se mueve!
Un cometa tiene dos colas: una está hecha de gas espacial, y la otra, de polvo. Pueden medir miles de kilómetros (¡una medía 500 MILLONES de kilómetros!).
¡Yo solo tengo una, y mide 50 centímetros!
CAROLINE y WILLIAM HERSCHEL eran dos cazadores de cometas de finales del siglo XVIII.
¡Ahí va otro, William!
Descubrieron 29 cometas.
... ¡usando un potente telescopio construido por nosotros mismos!
También descubrimos otras cosas...
Mira la página 60 para saber más sobre los Herschel.
Hablando de telescopios...

GALILEO GALILEI
Yo no inventé el telescopio, pero construí uno muy bueno en el siglo XVI y con él descubrí...
Descubrirás más cosas sobre Galileo en la página 59.
Las lunas de Júpiter.
Miles de NUEVAS ESTRELLAS de nuestra galaxia.
Varios cráteres y montañas de la Luna.
¡Y MUCHO MÁS!
Después de Galileo, los telescopios fueron haciéndose mucho mejores. Usándolos, los astrónomos podían observar el universo más allá de nuestro sistema solar...
Nuestro sistema solar es una parte minúscula de una galaxia enorme.
La llamamos la VÍA LÁCTEA. Está formada por miles de millones de estrellas. ¡Y solamente es una de las muchas galaxias que hay en el universo!

Una GALAXIA es un conjunto de estrellas, planetas, gases, rocas y polvo que se mantiene unido por la fuerza de la gravedad. Las hay de tres clases, principalmente:
ESPIRAL (como la Vía Láctea)
ELÍPTICA
IRREGULAR
Usando telescopios modernos, como los telescopios espaciales Hubble y James Webb, podemos ver galaxias que se encuentran a MILES DE MILLONES de años luz de distancia.
TELESCOPIO HUBBLE
Un año luz es la distancia que recorre la luz en un año.
TELESCOPIO JAMES WEBB
¡Y nada puede ir más rápido que la velocidad de la luz!
Un año luz equivale a 9 billones y medio de kilómetros, ¡lo mismo que dar 236 MILLONES de vueltas alrededor de la Tierra!
¡Y nuestra VÍA LÁCTEA tiene unos 100.000 años luz de diámetro!
Albert Einstein. Descubrirás más cosas sobre él en la página 61.
¡¡MADRE MÍA!!

Así que... el universo es bastante grande. Hay muchísimos planetas ahí fuera...
Bueno, y ¿dónde están todos los EXTRATERRESTRES?
Los planetas que se encuentran fuera de nuestro sistema solar se llaman EXOPLANETAS. El primero se descubrió en 1992.
Desde entonces, ¡hemos localizado más de 5.000!
¡Caramba! ¡Es un exoplaneta!
¡Descubrimos más cada semana!
Algunos exoplanetas son... insólitos.
Como HD 189773B, donde la temperatura es de 1.300 ºC y llueve vidrio.
O WASP-76b, donde llueve hierro fundido.
Se cree que el interior de 55 Cancrie está formado por diamantes.
Y GJ 504b es de un intenso color rosa.
NATALIE BATALHA
Yo busco y describo exoplanetas usando el telescopio James Webb.
Algunos científicos estiman que en nuestra galaxia hay alrededor de 6.000 MILLONES de exoplanetas con las condiciones necesarias para albergar vida.
Descubrirás más cosas sobre Natalie en la página 61.

Aunque todavía no hemos encontrado un planeta con **perros, plantas habladoras, dinosaurios o monstruos viscosos, seguramente solo es cuestión de tiempo.**
Nosotros nos comunicamos usando los destellos luminosos de nuestra **antena.**
¡Nosotros nos comunicamos usando solo el pensamiento!
¡Saludos desde Blark!
Nuestra avanzada tecnología nos permite recorrer distancias enormes.
Nosotros somos la forma de vida más peluda del universo.
El problema es la distancia. Hay **4,25 años luz** hasta **Próxima Centauri,** la estrella más cercana después del **Sol.**
¿Cómo podríamos encontrarnos?
Solo para llegar hasta ella tardaríamos miles de años.
La búsqueda de vida en otros planetas lleva décadas en marcha y aún continúa.
¡HOLA! ¡ESTAMOS AQUÍ! ¡Bah, me rindo! Ni nos ven ni nos oyen...

Quizá no hayamos encontrado otras **formas de vida,** pero hay otras cosas que los astrónomos han descubierto sobre el universo que se extiende **más allá de nuestro sistema solar...**
CAROLINE HERSCHEL
Las **nebulosas** son nubes **ENORMES** de **gas** y **polvo. Yo descubrí tres.**
¡Y ahora sabemos mucho más sobre las **nebulosas!** Algunas se crearon por la **explosión** de una **gigantesca estrella extinta:** ¡una **supernova!**
En otras se forman **estrellas nuevas.**
ALGUNAS NEBULOSAS
PEQUEÑO FANTASMA
RELOJ DE ARENA
OJO DE GATO
BURBUJA

En el centro de la mayoría de las galaxias de un tamaño similar al de la Vía Láctea hay algo extraño... UN AGUJERO NEGRO.
¡Eso suena terrorífico!
¡Pues un poquito, sí!
Un agujero negro es lo que queda cuando explota una estrella gigante. Contiene una cantidad increíble de materia comprimida en un espacio pequeño.
Eso significa que tiene una gravedad increíblemente fuerte: ni siquiera la luz puede escapar de él.
TODOS los agujeros negros giran; algunos, más de 1.000 veces por segundo.
El que se encuentra en el centro de la Vía Láctea se llama Sagitario A* (el * se pronuncia «estrella»).
Si te acercaras demasiado a un agujero negro, tiraría de ti hacia él y te deformaría hasta dejarte como un espagueti.
A esto los científicos lo llaman «espaguetización», en serio.
El agujero negro más cercano a la Tierra está a más de 1.500 años luz de distancia.
¡Uf! ¿Podemos volver ya a la Tierra, Cosmo? Me estoy sintiendo un poco tenso.

Aaah, esto está mejor. La **estrella más brillante** que podemos ver de noche es Sirio, llamada también la **ESTRELLA DEL PERRO. ¡No es broma!**
Forma parte de la **constelación** de **CAN MAYOR.**
Los perros **SON** geniales. Las **constelaciones** son patrones de estrellas en el cielo, tal y como se ven desde la **Tierra.**
ORIÓN, EL CAZADOR
PEGASO, EL CABALLO VOLADOR
Hay **88 constelaciones** con **nombre.**

Hay diferentes clases de estrellas. ¡Y cambian a lo largo de su vida! Por ejemplo…
Las enanas rojas son las estrellas más pequeñas, frías y tenues. También son las más comunes, pero ninguna de ellas es lo bastante brillante para que podamos verla con nuestros propios OJOS.
Las estrellas MÁS GRANDES y calientes, como nuestro SOL, se expanden y se convierten en gigantes rojas (eso le pasará al Sol dentro de miles de millones de años).
La mayoría de las estrellas MASIVAS explotan en una supernova mucho más brillante que la estrella original y que al final podría convertirse en un AGUJERO NEGRO.
¿Tú sabías que las estrellas, los planetas, los asteroides y demás objetos celestes solo ocupan el 1 % del universo?
¿EN SERIO? Entonces ¿el resto qué es?
Otro 4 % es el GAS que hay entre las estrellas.
Todo lo demás es ENERGÍA OSCURA (casi el 70 %) y MATERIA OSCURA (casi el 30 %).
Por desgracia, no estamos seguros de qué son esas dos cosas.
Pero ¡estamos intentando averiguarlo!
Aunque hay muchas cosas que SÍ SABEMOS…

Nuestro pequeño planeta gira sobre su eje y se mueve alrededor del Sol...,
... que es una de los muchos miles de millones de estrellas de la Vía Láctea...,
... que es una de los muchos miles de millones de galaxias del universo.
TIERRA
Estamos aquí.
Los ÁTOMOS son los minúsculos bloques de construcción que componen todo lo que hay en el universo. Los más comunes son los de hidrógeno, que ya estaban en el mismísimo inicio del universo.
Más de la mitad de los átomos de nuestro cuerpo son de hidrógeno, a
que la mayor parte de nuestr
organismo tiene una edad de 13.700 millones de años.
El resto de nosotros, y casi todo lo demás: el Sol, la Luna, los árboles, los tiburones...,
... las salchichas, los huesos, las pelotas de tenis...,
... está hecho de ÁTOMOS formados en el interior de estrellas que explotaron.
Y con esa idea tan ALUCINANTE...

ADIÓS de parte de Quark...
¡Y ADIÓS de parte de Cosmo!
¡Nos vemos por ahí, contemplando las estrellas!

NICOLÁS COPÉRNICO (1473-1543)

Matemático y astrónomo polaco que ayudó a demostrar que la Tierra y otros planetas giran alrededor del Sol, justo lo contrario de lo que se creía en su época. Su libro *Sobre las revoluciones de las esferas celestes* cambió por completo la ciencia.

ASTRONAUTAS LUNARES

(Todos son estadounidenses)

NEIL ARMSTRONG (1930-2012)

La primera persona que pisó la Luna. Fue en 1969, durante un vuelo espacial del Apolo 11.

ALAN SHEPARD (1923-1998)

La segunda persona en viajar al espacio (después de Yuri Gagarin), la quinta persona en pisar la Luna, en 1971, y la única persona que ha golpeado pelotas de golf en la superficie lunar.

BUZZ ALDRIN (nacido en 1930)

Pilotó el módulo lunar durante el vuelo espacial del Apolo 11 y se convirtió en la segunda persona en pisar la Luna.

EUGENE CERNAN (1934-2017)

La duodécima (y, hasta ahora, la última) persona en pasear por la Luna, en 1972.

MICHAEL COLLINS (1930-2021)

Condujo el módulo de mando alrededor de la Luna mientras sus compañeros, Neil Armstrong y Buzz Aldrin, aterrizaban en la superficie lunar.

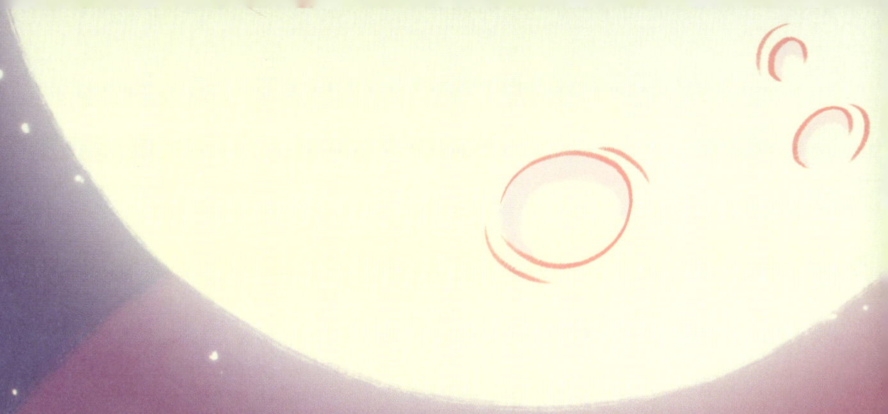

YURI GAGARIN (1934-1968)

Cosmonauta y piloto soviético que se convirtió en la primera persona en viajar al espacio y en dar una vuelta a la Tierra, a bordo de la cápsula espacial Vostok 1, en 1961.

GALILEO GALILEI (1564-1642)

Científico y astrónomo italiano que construyó el primer telescopio usado para estudiar el espacio. Descubrió muchas cosas, como cuatro de las lunas de Júpiter, y ayudó a demostrar la teoría de Nicolás Copérnico.

WILLIAM HERSCHEL (1738-1822)

Astrónomo germano-británico que descubrió el planeta Urano. El telescopio que fabricó con la ayuda de su hermana, Caroline, era el mejor y más potente de la época. Junto con ella, vio cometas y nebulosas y planteó que estas están formadas por estrellas.

CAROLINE HERSCHEL (1750-1848)

Astrónoma germano-británica que descubrió varios cometas y nebulosas. Fue la primera mujer en descubrir un cometa y en ser astrónoma profesional. También contribuyó al trabajo de su hermano, William Herschel.

GERARD KUIPER (1905-1973)

Astrónomo neerlandés-estadounidense que descubrió lunas de Urano y Neptuno y en 1951 planteó la existencia de una región con forma de disco y compuesta por objetos helados fuera de la órbita de Neptuno: el cinturón de Kuiper.

JAN OORT (1900-1992)

Astrónomo neerlandés que calculó la posición de nuestro Sol dentro de la Vía Láctea y descubrió que esta da vueltas. Planteó la teoría de que el sistema solar está rodeado por una enorme nube de objetos helados semejantes a cometas: la nube de Oort.

EDMOND HALLEY (1656-1742)

Astrónomo y matemático inglés que calculó la órbita de un cometa «periódico» que observó en 1682, conocido ahora como el cometa Halley, que puede verse desde la Tierra cada 76 años.

ALBERT EINSTEIN (1879-1955)

Físico que hizo muchos descubrimientos revolucionarios sobre el universo y la naturaleza de la gravedad. Sus dos trabajos más famosos son las teorías de la relatividad especial y general.

NATALIE BATALHA (nacida en 1966)

Astrónoma estadounidense que dirigió la misión Kepler de la NASA, la cual descubrió más de 2.700 exoplanetas. Su trabajo se centra en los exoplanetas y en la búsqueda de vida más allá de nuestro sistema solar.

GLOSARIO

Agujero negro: objeto extremadamente denso que gira en el espacio, con una gravedad tan fuerte que nada escapa de él, ni siquiera la luz.

Año luz: distancia que recorre la luz en un año.

Asteroide: pequeño objeto rocoso que orbita alrededor del Sol.

Astronauta: persona que se ha preparado para viajar al espacio (los cosmonautas son los astronautas de Rusia o de la desaparecida Unión Soviética).

Astrónomo/a: persona que estudia las estrellas, los planetas y otros objetos del espacio.

Cometa: objeto grande formado por hielo y polvo que gira alrededor del Sol. A veces los cometas y su larga cola pueden verse desde la Tierra.

Constelación: grupos de estrellas vistas desde la Tierra.

Estrella: esfera brillante compuesta por gas extremadamente caliente. Hay estrellas de diferentes tamaños y colores.

Exoplaneta: planeta que se encuentra fuera de nuestro sistema solar.

Galaxia: grupo de miles, millones o miles de millones de estrellas, planetas, asteroides, etcétera, que se mantienen unidos por la fuerza de la gravedad.

Gravedad: fuerza invisible que atrae a los objetos entre sí, que nos mantiene pegados al suelo y también a los planetas orbitando alrededor del Sol.

Luna: el único satélite natural de la Tierra. En nuestro sistema solar hay otras lunas que giran alrededor de otros cuerpos celestes.

Meteorito: trozo de roca y otros materiales que no se desintegra completamente al atravesar la atmósfera y cae en la Tierra.

Meteoro: trozo de roca y otros materiales que se desintegra en la atmósfera terrestre y que a veces puede verse atravesando el cielo.

Nebulosa: nube enorme de polvo y gas en el espacio.

Órbita: trayectoria de un objeto alrededor de otro en el espacio.

Planetas enanos: cuerpos celestes grandes y redondeados que giran alrededor del Sol.

Planeta: cuerpo celeste esférico que gira alrededor de una estrella y que no tiene otros objetos similares cerca de su órbita.

Satélite: objeto que gira alrededor de otro más grande.

Sistema solar: nuestro Sol y todo lo que lo rodea, incluidos planetas, asteroides y cometas.

Sol: la estrella que está en el centro de nuestro sistema solar.

Supernova: explosión que destruye una estrella masiva.

ÍNDICE

ÍNDICE